Biografie Niklaus Schubert

 Ich wurde am 23. Januar 1961 in Riehen bei Basel geboren, wo ich auch die Schulen besuchte. Nach der Matur im Jahr 1979 widmete ich mich für ein Jahr einem Jazz-Studium in den USA. In Basel und Rom studierte ich ab 1980 Theologie und schloss fünf Jahre später ab.

1986 heiratete ich Ursula Süsstrunk, mit der ich mich im Jahr 1987 in San Francisco zum Spitalseelsorger ausbilden liess. Ursula und ich haben zwei Kinder, Ladina (1989) und Sidonia (1993).

In S-chanf/La Punt - Chamues-ch teilten wir uns während einigen Jahren eine Pfarrstelle, von der ich mich 1994 wegen meiner fortschreitenden Krankheit zurückziehen musste.

Seitdem schreibe ich: 1999 erschien mein Krimi «Vereina-connection», mein Theaterstück «Das lange Chalandamarzessen» steht kurz vor der Veröffentlichung. «Auf den Hund gekommen» (einige Episoden aus meinem Alltag als MS-Kranker) halten Sie in Händen.

1. Auflage, 3000 Ex., April 2003

Texte:
Niklaus Schubert

Illustrationen:
Heiner Schubert

Konzept und Realisation:
Oliver Knick und Jacqueline Kölliker,
Ringier AG

Druck:
Zürcher Druck + Verlag AG

ISBN-Nr. 3-909287-29-8

Die Produktion dieses Buches wurde durch freundliche
Unterstützung von Serono Pharma Schweiz ermöglicht.

Dank

Multiple Sklerose ist eine Krankheit, die mich immer unselbständiger und abhängiger macht. Dass mein Leben trotzdem erfüllt ist, verdanke ich den Menschen um mich herum, am meisten meiner Frau, die meinen Niedergang Stufe um Stufe begleitet, aber auch jenen, ob sie mich mögen oder nicht, die mir aufhelfen, wenn ich ihnen buchstäblich zu Füssen falle, die es mir nicht krumm nehmen, wenn ich sie anspucke, die mir zuhören, auch wenn sie mich nur mit grösster Anstrengung verstehen.

Inhaltsverzeichnis I

Vorwort

Hunderte von Stunden sassen wir im gleichen Klassenzimmer und büffelten Griechisch. Mit seinem riesigen Wissen über die Antike und die griechische Philosophie und Sagenwelt war er mir immer mehrere Nasenlängen voraus. Ausgespielt hat er mir und den anderen Klassenkameraden gegenüber diese Stärke nie. Im Gegenteil: Hilfsbereitschaft und Menschenliebe zeichneten seinen Charakter aus. Nach der Matur verlor ich ihn für fast 25 Jahre aus den Augen. Das Wiedersehen fand erst im Fernsehstudio statt, beim Thema Multiple Sklerose. Äusserlich war er nur noch ein Schatten seiner selbst. Als Mensch aber strahlte er trotz oder wegen seiner körperlichen Schwäche eine Kraft und eine Weisheit aus, die mich zutiefst berührten. Als ich meinen ehemaligen Schulfreund umarmte, kamen mir die Tränen. Und ich schämte mich nicht für sie.

Seit diesem Wiedersehen stehen wir in regelmässigem Kontakt, und zwar über E-Mail. Diese wunderbare Kommunikationstechnologie ermöglicht es uns, die durch die Krankheit gesetzten Grenzen spielend zu überwinden. Mir war sofort klar: Was mein Schulfreund mit seiner Krankheit erlebt hat, was er denkt und fühlt, sprengt alle Fesseln. Wie er mit seiner Krankheit oder vielmehr mit dem Leben umgeht, berührt, verändert und heilt. Diese Wirkung darf ich Ihnen, liebe Leserinnen und Leser, nicht vorenthalten. Lernen Sie Niklaus Schubert kennen und lassen Sie sich von ihm berühren!

Herzlich

Ihr Dr. med. Samuel Stutz

Hundeleben

Wenn ein Hund nach einem Bissen giert,
kaum den verschlungen auf den nächsten stiert,

drauf, sabbernd, geifernd, seinen Hals nach Weit'rem reckt,
das nicht verhalten-vornehm nicht versteckt,

wenn er nichts weiss von Heteronomie,
nennt man das einfach: new economy.

Empört

Dies ist eine Erinnerung in Bildern an einen meiner letzten Tage auf Skiern:

Bild eins: Ursula und ich verlassen das Haus. Wir beide in voller Skimontur: Mütze, dicke Jacken, wollene Halstücher, dunkle Skibrillen, warme Handschuhe, klobige Skischuhe. Überall erwartungsvolle Gesichter, auf den Schultern Skier und Stöcke, auf dem Rücken die Säcke mit Proviant.

Bild zwei: Wir steigen aus dem Zug. Im Hintergrund die verschneite, friedliche Landschaft. Wir befinden uns inmitten des Gedränges.

Bild drei: Wir steigen den Weg zur Talstation hinauf. Es ist kalt, beim Ausatmen bilden sich vor unseren Mündern kleine Wolken.

Bild vier: Die Masse hat die stählerne Treppe erreicht, die zur Talstation führt. Das Gepolter der Skischuhe und die erwartungsvollen Rufe der Kinder übertönen die Flüche von drängelnden Erwachsenen, die einen Ski an den Kopf, einen Stock in den Bauch oder einen Schuh ans Schienbein bekommen.

Bild fünf: Geduldig wie Schafe lassen wir uns in den Menschenmassen zum Schlepplift vorwärtstreiben.

Bild sechs: Ich liege Gesicht voran im Schnee. Es war etwas geschehen, was ich mir nicht erklären kann. Wir hingen gerade im Skilift, als plötzlich mein linkes Bein einknickte. Ich versuchte instinktiv, mich an den Bügel zu klammern, um das Gleichgewicht zu behalten, aber ich schaffte es nicht mehr; mein Oberkörper hatte sich schon zu weit zur Seite geneigt, die Spur der Skier war zu eng, meine Beine zu nahe nebeneinander, als dass ich mich noch hätte aufrichten können. Das Seil des Skilifts zog unbeirrt weiter, ich fürchtete eine Massenkarambolage mit Verletzungen, ich liess den Bügel fahren.

Bild sieben: Ich schweige, aber in mir rasen die angekurbelten Gedanken weiter, noch im Nachhinein könnte ich mich ohrfeigen, so ungeschickt komme ich mir jetzt noch vor, so gedemütigt ob der offensichtlichen Unfähigkeit, den Skilift zu benutzen. Als ich die Kälte des Schnees unter meinem Gesicht zu spüren beginne, ist meine Freundin über mir und zieht mich auf. Ich versuche zu lächeln als ich ihre Hand ergreife und mich aufrapple. Ich will und kann mich aber nicht entschuldigen; ich wüsste auch nicht, warum, denn ich habe keinen vorsätzlichen Fehler begangen. «Mein Bein ist plötzlich eingeknickt», sage ich. Wir stehen uns neben dem Lift gegenüber, nur wenige Meter oberhalb der Station. Ursula sagt nicht viel. Aber unter ihrem lapidaren «Ungeschickt!» brodelt es. Sie schweigt, doch ihr Blick spricht Bände, wirft Steine. Ihr Blick richtet sich auf das Gedränge an der Talstation des Skilifts.

Eine Rarität

Was sich meine Augen jetzt leisten, beeinträchtigt mein Leben wesentlich. Ich erinnere mich noch gut. Früh am Morgen war's. Ich verliess gerade das Haus und zog die Tür hinter mir zu. Der Anblick war der gewohnte: Vor mir der kleine Platz, den ich überqueren musste, die Treppe hinunter, über den Marktplatz, wieder eine Treppe hinauf, um dann das altehrwürdige Seminar zu erreichen und dort einen hebräischen Text zu verstehen versuchen.

Aber soweit war ich noch nicht. Vorerst starrte ich auf die wunderschöne Martinskirche und wurde auf einmal gewahr, wie – als wenn jemand einen Knopf gedrückt hätte – sich alles vor meinen Augen im Kreis zu drehen begann. Die Fenster in ihrer sandsteinernen, rostbraunen Umrahmung, die Seitentüre mit dem kleinen Dächlein davor, aber auch das Auto, das jemand auf dem Platz abgestellt hatte, der Baum vor mir und der Brunnen, auf dem als Brunnenstock der heilige Martin, kriegerisch in Stein gehauen, wasserspendend wachte. Weil sich aber nicht einzelne Dinge, sondern mein Blickfeld in seiner Gesamtheit drehte, konnte ich das Seminar erreichen, konnte sogar den hebräischen Text entziffern, auch wenn das Lesen nicht leichter geworden war.

Der Arzt, dem ich das sagte in der Hoffnung, er würde mir das vormals so wirksame Medikament neuerlich verschreiben, meinte nur, diese drehenden Augen seien eine Bagatelle. Seither drehen sie munter weiter und wurden mittlerweile als medizinische Rarität bezeichnet.

Sinnlos

Was wären wir Behinderte, wenn man sich nicht von Amtes wegen um uns kümmern würde? Zum Beispiel die Telefongesellschaft. Sie wurde zwar – ideologisch korrekt – privatisiert, aber da sie die Verbindung zum Staat noch nicht völlig abgeschüttelt hat, berücksichtigt sie immer noch Minderheiten. Zum Beispiel darf ich als Sehbehinderter mich kostenlos verbinden lassen. Vorausgesetzt, dass ich registriert bin und weiter vorausgesetzt, ich bin bei einer der Restrukturierungs-, Entschlackungs- oder Verjüngungskuren zur nachhaltigen Effizienzsteigerung nicht aus dem Computer gekippt, wie mir eben geschehen. Aber das gibt mir die Gelegenheit, mir die Zeit, mit der ich sowieso nichts anzufangen weiss, mit einem kurzweiligen Abklappern der jeweils nicht exakt zuständigen Ämter zu vertreiben.

Aufgefordert

Soll ich die Welt, die ich gerade vorfinde, verändern? Als Einzelner sind meine Möglichkeiten beschränkt, als Kranker noch beschränkter. Wenn ich also etwas zu tun versuche, sind die Chancen, dass sich etwas ändert, minim. Nur: Wenn ich nichts tue, ändert sich garantiert nichts. Dieser Tatsache musste ich schon als Pfarrer ins Auge blicken. Wenn ich sterbe, will ich mir nicht eingestehen müssen, ich hätte mich nicht für eine gerechtere, friedlichere und naturbewahrendere Lebensart eingesetzt.

Erfüllt

Noch vor der Diagnose meiner Krankheit habe ich die Begeisterung des Kajakfahrens entdeckt. Selbst ein eigenes Kajak habe ich mir angeschafft. Die Zeit zum Beherrschen der richtigen Fahr-Technik war hingegen zu kurz. Dennoch meldete ich mich für eine Woche Kajakfahren an. Das Nächtigen in Zelten schreckte mich als ehemaligen Pfadfinder nicht ab, und die Expeditionsleiterin zerstreute meine Bedenken wegen fehlender Technik (die mir im Verlaufe der Krankheit sowieso abhanden gekommen wäre).

Die ersten beiden Tage waren reiner Kampf – Kampf mit immer wieder aufkeimendem Unmut. Erstens war ich im Zelt mehr als sonst auf die Tatkraft der Betreuer angewiesen und eine feste Unterkunft hätte dem Trugbild der Selbständigkeit (dem nicht nur Gesunde anheimfallen!) noch etwas Farbe verliehen. Zweitens hatte das Kajakfahren mit dem, was ich früher mal unter Kajakfahren verstanden hatte, rein gar nichts mehr zu tun. So konnte ich das Paddel nur kurze Zeit hochstemmen, mir nur einbilden, etwas zum Kurs des Gefährts beizusteuern. Ich konnte nicht einmal mehr das Boot selbst besteigen, sondern musste mich von Helfern ins Boot heben und im richtigen Moment hineinplumpsen lassen.

Und doch: Die den Geist weitenden Bilder, der Wechsel vom Computer-Bildschirm in die Natur, die Erfahrung, auch als zunehmend Behinderter solches erleben zu können, hilft mir, mein Leben als Kranker nicht als schlechtere, sondern bloss als andere Lebensart zu sehen.

Muss ich dankbar sein, dass mich die Krankheit von der Hektik des Wirtschaftslebens befreit hat? Über die Brücke, unter die mich der Helfer nach dem Kentern des Kajaks abgesetzt hatte, donnerten die Lastwagen auf der verzweifelten Jagd nach Mehrwert, während ich auf einer Sandbank sitzend auf meinen Bootsführer wartete. Gerade in dieser Situation wurde mir wieder klar: Nur wer schneller ist als die Strömung, kann das Kajak steuern. Schneller als der Fluss des Stromes sein, kann ich nicht mehr. Schneller als der Fluss der Krankheit sein, ist meine Verantwortung.

Heimisch

Wo bin ich zuhause? Wodurch entsteht ein Heimatgefühl? Wenn ich könnte, wohin möchte ich? Wir haben eine Wohnung hier in Davos, die Kinder gehen hier zu Schule, meine Frau arbeitet hier. Die Berge habe ich im Engadin bestiegen, mit dem Velo bin ich durch Basels Strassen gefahren, meine aufregendste Zeit habe ich in Rom erlebt. Dort, wo ich mich bewegen, Umgebung und Leute kennen lernen konnte, fühlte ich mich zuhause. Heute kann ich mich nicht mehr gross bewegen, ich sitze meist hier am Schreibtisch und sehe einen Baum, eine Strasse und einige Nachbarhäuser. Fühle ich mich hier zuhause?

Ehrlicherweise muss ich sagen: nein. Aber nur an Gefühlen kann es nicht liegen. Ich kann meine Kindheit nicht zurück holen, ich kann meine Gesundheit nicht zurück holen, ich kann das Rad der Zeit nicht zurück drehen. Es kann also nicht darum gehen, dorthin zu gehen, wo man sich wohl fühlt, sondern sich da wohl zu fühlen, wo man ist.

Ich stimme Claude Levy-Strauss zu, wenn er sagt: «Jeder von uns ist eine Art Strassenkreuzung, auf der sich Verschiedenes ereignet. Die Strassenkreuzung selbst ist völlig passiv.» Ich erfahre diese Passivität am eigenen Leib. Also behaupte ich: Heimat ist dort, wo ich wer bin, wo man mich als «Niklaus Schubert» kennt. Administrationen, Krankenkassen, Versicherungen kennen mich als Nummer. Erst wer am Telefon seine Nummer sagt, bekommt als bestätigende Antwort den Namen zu hören. Nummern lassen sich besser abschieben als Menschen. Auch darum bin ich in der Kirche: als Pflegefall bin ich eine Nummer, an der Taufe aber habe ich einen Namen bekommen, man spricht mich mit meinem Namen an. Dort bin ich zuhause, wo man mich als Menschen wahrnimmt und annimmt.

Tummelplatz

Da man über Multiple Sklerose und seine Behandlung nicht viel weiss, ist Platz für Therapeuten jeglicher Couleur, sich darauf zu tummeln. Dieser Tummelplatz war in meinem Fall ein wunderbares Haus, das zu Beginn des 20. Jahrhunderts gebaut worden war, mit zwei grossen Wohnungen, hohen Räumen, Stuck an den Decken und nach aussen gebogenen Fenstern. In einer dieser Wohnungen hauste meine Therapeutin, eine etwa sechzigjährige, liebenswerte Dame. Nach einer Therapiestunde in einem jener hohen Räume, in dem viele orientalische, niedrige Möbel standen und das matte Licht des zur Neige gehenden Tages einfiel, hockte sie sich neben mich und erklärte mir: «Du wirst es wohl kaum verstehen, aber Du hast Dir Deine Krankheit selbst ausgesucht. Nach dem Tod sucht sich die Seele den Körper aus, mit dem sie wiedergeboren werden will. Warum hast Du Dir das ausgesucht? Denk darüber nach.»
Was sollte ich tun, wenn der Mund des reifen Alters so vor weisen Lehren überfloss? Jedenfalls bedankte ich mich artig und verliess das Haus. Den Ursprung dieses Gedankens hatte ich schnell geortet. In einem platonischen Dialog kommt die Seele vor, die zwischen zwei Inkarnationsetappen den Strom des Vergessens durchschwimmt und am anderen Ufer statt eines frischen Badetuchs einen neuen Körper in Empfang nimmt. Dieser Gedanke war in ihrer esoterischen Lesart zum Besuch in einem Warenhaus zwischen zwei Reinkarnationsetappen geworden.
Als ich nach Hause ging, stellte ich mir eine andere Frage: Benutzte sie diese Frage einfach, um mit meinem Leiden umgehen zu können? So musste sie mit meinem Befinden kein Bedauern haben.

Sie ist eine bekennende Esoterikerin. Esoterik ist ein religiöses Jekami und ermöglicht ihren AnhängerInnen, alltägliche Situationen mit bedeutungsspendenden Phrasen aufzuladen. Das wiederum erlaubt, beunruhigende Ereignisse einzuordnen, denn Ordnung verspricht Ruhe. Nur denen nicht, die von einem beunruhigenden Ereignis betroffen sind.

Rücksicht

Nein, jetzt ist es kaum angebracht, eine Diskussion zu beginnen. Andreas atmet schwer, schliesslich schiebt der einen Rollstuhl. Und wer sitzt drin? Ich. Ausserdem ist der Weg nicht flach, sondern steil, es ist auch keine Strasse, sondern ein Waldweg. Ich geniesse den Ausflug zwar, ich atme den würzigen Geruch des Waldes, bin belebt von dessen kühler Luft, erhole mich prächtig; aber was für mich ein Genuss ist, macht es dem, der schiebt, nicht gerade leicht. Also sage ich: «Moment», stehe auf und gehe, links und rechts gestützt, einige Schritte zwischen den Tannen auf dem schattigen Weg. Die Kinder sind schon voraus gerannt, vermutlich mit den anderen Kindern, ich werde sie beim Abendbrot wieder sehen. Andreas wird dann sagen, er hätte sich immer über Behinderte mokiert, die den Rollstuhl verliessen, aber die Steigung des Weges und seine Rolle als Rollstuhlstossender hätten ihn zum Umdenken veranlasst.

Ist es das, was ich mir unter «mein schönstes Ferienerlebnis» vorstelle? Kaum. Als Kind erklomm ich mit meinem Vater die Berge des Engadins, als Student schweifte ich mit Ursula durch die blühenden Mandarinenbäume der «Villa Adriana» in Rom, als junger Vater spuckte ich mit meiner Tochter unter der sich neigenden Sonne Ibizas Olivenkerne ins Meer. Der allgemeinen Maxime «Selbst ist der Mann» kann ich nicht mehr folgen. Aber auf einer anderen Ebene kann ich meinen Teil zum Gelingen dieser Gemeindeferienwoche beitragen: Ich begleite meine Töchter, ich höre den anderen zu, ich kann der Leitung bisweilen mit Ideen behilflich sein.

Was Garrison Keillor so witzig beschrieb, «es war eine erbärmliche Zeit für einen, der ein Gott gewesen und jetzt degradiert, sterblich und ein Objekt des Mitleids geworden war», erlebe ich am eigenen Leib. Wenn ich auch kein Rollstuhlschieber mehr sein kann, will ich doch dem, der mich einen Waldweg empor stösst, aufstehend ein wenig helfen, solange ich kann.

Nötigung

Ich bin auf die Hilfe anderer angewiesen. Meist sind Menschen da, die mir helfen – auch wenn diese Hilfe bisweilen dem Tatbestand der «Nötigung» nahe kommt. Dazu vier Begebenheiten:

<u>Die erste</u>: Wir hatten wieder festen Boden unter den Füssen und waren auf der vorletzten Etappe unserer Heimkehr. Den Flug von Ibiza nach Zürich hatten wir hinter uns; auch hatten wir unser Gepäck auf den drehenden Fliessbändern geortet, nun waren wir – Ursula mit dem Wägelchen (beladen mit zwei grossen Taschen und einem vollgepackten Korb), Ladina mit einem Rucksack, Sidonia an Mutters Hand und einem gefüllten Teddybären auf dem Rücken, ich schwankend am Stock das Gewicht einer an der Schulter hängenden Tasche ausbalancierend – auf dem Weg, uns auszuweisen und die letzte Etappe, die Reise mit der Bahn, anzugehen.

Um uns herum gingen die Menschen ihrer Heimat entgegen. Meine Familie ging zielstrebig zur Passkontrolle, ich blieb, balance- und trittsuchend zurück. Plötzlich riss mir ein italienischer Herr die Tasche von der Schulter, packte mich am Arm, führte mich zu einem Stuhl und händigte mir die Tasche wieder aus.

Sicher, dieser unbekannte Mann war hilfreich. Ich bin auch oft auf die Hilfe anderer angewiesen. Zweifellos war seine Geste freundlich. Bin ich undankbar, wenn mir diese Freundlichkeit eine Spur zu aufdringlich schien?

Die zweite: Ich erinnere mich eines Bazarbesuches. Dieser Bazar war ein Ort in einem Kirchgemeindehaus, wo – in der Mehrzahl von Frauen – an Ständen Handarbeiten zum Verkauf angeboten wurden. Der Erlös ging an die Gefangenenseelsorge. Wir hatten uns ins Getümmel gestürzt, bewegten uns den Ständen entlang und hatten beiden Kindern Pullover gekauft, mir selbst warme Socken, Ursula einen Schal. Wir waren danach ins Freie getreten, ich, mich mit einer Hand auf Ursula stützend, mit der anderen meinen Stock umklammernd. Unsere Kinder tobten sich an den Spielgeräten aus, meine Frau holte das Auto und ich liess mich erschöpft auf einer Parkbank nieder.

Ich hörte Schritte, sie blieben stehen, und eine Frau zischte hinter meinem Rücken: «Dann ist er behindert und setzt Kinder in die Welt.»

Ich frage mich oft, was ich meinen Kindern schuldig bin. Aber eines weiss ich: Sie haben es besser als bei jener Frau.

Die dritte: Eigentlich fühlte ich mich gut und wollte die wenigen Meter vom Schuhgeschäft zur Strassenbahn ohne Hilfe gehen. Ich genoss die Ruhe des späten Nachmittags. Man merkte, dass sich der Tag seinem Ende näherte, die Geschäfte zwar noch offen und einige Kunden mit gehetzter Miene in ein Geschäft sprangen. Durch offene Türen oder Schaufensterscheiben sah man wie Verkäuferinnen die Auslagen zusammenpackten und so den Türschluss vorbereiteten.

Plötzlich knickte mein Bein ein, mein Oberkörper neigte sich zur Seite, ich verlor das Gleichgewicht, versuchte noch, den Stock umklammernd, dieses wieder zu finden, aber ich konnte mich nicht mehr aufrichten; ich fiel bei der Tramstation hin. Der Gehsteig war eben, die Tramschienen in sicherer Entfernung – ebenfalls die Strasse – ich konnte mir also Zeit lassen mich wieder aufzurappeln. Die Hose hatte mich vor weiterem Unbill wie Schürfungen bewahrt, also wälzte ich mich auf den Bauch, griff erst nach der Tasche, die zu Boden gefallen war, stützte die eine Hand auf den Boden, mit der anderen nahm ich den Stock zu mir und erhob mich.

Eine Frau, die den Zwischenfall bemerkt hatte, trat herzu und half mir dabei. «Siehst du», sagte sie zu ihrem Sohn, der neben ihr stand, nahm meinen Stock (ein weisser Stock mit roten, reflektierenden Bändern) und zeigte ihn ihrem Sohn: «Dies ist ein Stock für sehbehinderte Menschen. Sie brauchen unsere Hilfe.»

Die vierte: Einige Jahre später konnte ich mich nur noch mit einem «Rollator» (eine Geh-Hilfe, ein Böcklein mit Rädern) allein aus dem Haus wagen. Aber ich traute mir zu, mit Hilfe dieses Gerätes die kurze Distanz zwischen dem Eisenwarengeschäft und der Buchhandlung zurückzulegen. Während ich diesen Weg machte, sah ich im Geiste schon das Café, das neben der Buchhandlung lag und mir den Ort einer erquickenden Zwischenlandung bieten sollte. Das Café und die Buchhandlung waren in einem Einkaufskomplex untergebracht, beide eine Etage tiefer als die Strasse, auf der ich ging. Um eine Treppe zu vermeiden ging ich auf der Strasse bergab. Sie war aufgerissen, weshalb ich mich durch glänzende Blechkolosse, die dort parkiert standen, hindurcharbeiten musste. Kaum hatte ich das geschafft, zwang mich ein Eisenstab, der die Parkplätze bezeichnete, zur Umkehr. Schliesslich stand ich bei den Stufen, die mich vom Café trennten. Vor diesen letzten Schritten setzte ich mich zur Erholung auf die Stufen. Ich liess das Wägelchen los, es rollte die zwei Stufen hinunter und kam krachend vor einer Scheibe zum Halten. Ich hoffte, dass mir jemand aufhelfen würde. Das dauerte eine Weile, doch schliesslich half mir jemand, richtete mich auf, gab mir den Rollator und begleitete mich die wenigen Schritte ins Restaurant. Der Kaffee schmeckte köstlich, brachte aber nicht die erhoffte Stärkung. Dem Drang der Blase konnte ich noch rechtzeitig folgen, den Rückweg musste ich mir Zentimeter um Zentimeter erkämpfen. Ich beschloss, den nunmehr unmöglich gewordenen Gang zur Buchhandlung zu verschieben, lieh mir ein Telefon aus und meldete der Familie, dass ich mich da, wo ich war, verköstigen würde.

Ich verlasse mich darauf, dass mir jemand hilft, wenn ich Hilfe brauche. Zumindest hier, im sogenannt «christlichen Abendland». Auch wenn ich mir so kein Leben in Fülle vorstelle, zum Leben reicht es. Dennoch frage ich mich immer wieder: Werden sich Kranke auch künftig auf die Hilfe Fremder verlassen können?

Nicht nur die Krankheit kränkt

Mein Leben besteht aus narzisstischen Kränkungen. Die erste widerfuhr mir schon in der Primarschule, als ich der Frau meines Lebens begegnete, die eben nie die Frau meines Lebens wurde.
Zu Beginn meiner Arbeitsunfähigkeit fühlte ich mich oft gekränkt; ich sah Arbeitsmöglichkeiten innerhalb meiner Grenzen, die Arbeitgeber hingegen glaubten, dass Arbeit nur dem möglich ist, der keine Grenzen kennt.
Zwei Rückweisungen sind mir im Gedächtnis geblieben: Die Kirchgemeindepräsidentin, die meine krankheitsbedingten Grenzen als Zeichen eines böswillig errichteten Zauns ansah (konkret: meine Unfähigkeit, als Lehrer die Schüler zu kontrollieren, führte sie nicht auf mein vermindertes Sehvermögen zurück, sondern sah es als Beweis mangelnder Kompetenz an). Ich erkannte schnell, dass mein Platz nicht in der Schulstube sein konnte. Darum meinte ich, meine in Amerika erworbenen Fähigkeiten hierzulande anzuwenden, doch die angefragte Seelsorgesupervisorin meinte, dass ein kranker Mensch nur im Bett, nicht aber am Bett sein könne.
Diese beiden Damen haben es mir eigentlich klar gemacht und ich hätte es begreifen sollen: Ich habe in der Welt, in der mit den Ellen der Gesunden gemessen wird, nichts mehr zu suchen. In mir entbrannten Wut, Enttäuschung und Trauer. Diese Gefühle erwiesen sich als patente Schmieröle für die Kreativitätsmaschine. Wie hier:

Kranker, bleib in deinem Ghetto

Was rüttelst du an der Türe, du Narr?
Das Schloss ist verriegelt, die Grenzen sind klar.
Du sprintest mit Sprintern, du fällst
gleich anfangs lang hin. Stiftest Unruh. Du wellst
das glatte Gewissen der Ehrbaren auf.
Sie geben dir Brot, sie geben dir Wein,
Du willst etwas machen? Lass besser sein.

Nicht immer küsst mich die Muse, oft zeigt sie sich spröde. Dann muss ich es notgedrungen mit Porgy halten: «I've got plenty of nothing.» Wer sich nichts mehr vornimmt, dem kann nichts abgesprochen werden.

Der Fabulierer

Wie kann er denn seine Liebste empfangen?
Der Frühling ist da, er spürt das Verlangen.
Doch lässt der warme Wind ihn kalt.
Er sitzt im Rollstuhl und fühlt sich alt,
alt zum Sterben, inmitten der Blüten,
er denkt an Freund Charon, an die uralten Mythen.
Frustriert schlägt er das Fenster zu.
Da flüchten sich seine Gedanken im Nu;
sie fliegen zum Ätna, zu den Blumen des Mais,
fliegen weiter, zu den Pagoden Shanghais,
sie atmen Geschmäcker von Stambuls Basaren,
er trinkt Tokaier im Kreis von Magyaren.
Da klopfts an der Türe. Die Gedanken verstaut!
Das Lächeln vom Karneval sieht jetzt die Braut.
Erzählen kann er, er braucht kein Erbarmen.
Nur lebt man leichter, ruht die Liebste in Armen.

Lebendig

Nachdem ich durch die Wohnung gegangen bin, ständig bestrebt, nicht hinzufallen (was mir, zu meinem Lob sei's gesagt, auch gelang), legte ich mich aufs Bett und die Sätze aus Quohehlet waren auf einmal einsichtig: «Da pries ich die Toten, die längst Gestorbenen: glücklicher sind sie als die Lebenden, die jetzt noch leben, und glücklicher als beide der Ungeborne, der noch nicht geschaut hat das böse Tun, das unter der Sonne geschieht.» Bilder einer Fernsehdiskussion stiegen in mir auf, die Diskussion von Betroffenen, die dem Selbstmord einer behinderten jungen Frau nachrätselten. Nicht einmal der Psychologe, der wortreich beteuerte, wie professionell er diese Frau beraten hatte, konnte ihren Selbstmord verhindern.
Aber welchen Grund hätte diese Frau gehabt, weiterzuleben? Ausser immer wieder zu betonen, dass man sie daran hätte hindern müssen, hatten die Gesprächsteilnehmer auch nichts zu sagen, ausser des für seine Arbeit mit gesellschaftlichen Aussenseitern bekannten Pfarrers. Ich kenne diese Frage. Ich brauche kein böses Tun zu sehen, um das Lob des frühen Todes nachzuvollziehen.
Doch habe ich noch nie versucht, Hand an mich selbst zu legen. Dennoch verstehe ich diese Frau. Was hat unsere Gesellschaft einer jungen Frau zu bieten, die blind ist und am Rattenrennen nicht mehr teilnehmen kann?
Ich glaube, ich würde mich mit dem Autor der Sprüchesammlung gut verstehen. Er sieht nicht nur die düstere, sondern auch die leuchtende Seite des Lebens und sagt darum: Trage allezeit weisse Kleider und lass deinem Haupte das Öl nicht mangeln. Geniesse des Lebens mit dem geliebten Weibe alle die Tage des flüchtigen Daseins, das dir verliehen ist unter der Sonne; denn das ist dein Teil am Leben und für die Mühe, womit du dich abmühst unter der Sonne.

Privilegiert

Gestern hatte ich eine engagierte Diskussion mit meiner Frau, die alle gesellschaftlichen Probleme als Folge der traditionellen Rollenaufteilung zwischen Männern und Frauen sieht (beispielsweise dass man die Männer zwingt – zumindest moralisch dazu anhält – für den Lebensunterhalt der Familie zu sorgen und das den Frauen nicht zubilligt). Als ich beim Disputieren wirtschaftliche und biologische Zwänge ins Feld führte, denen ich ohne eigenes Verdienst entgangen bin, konterte sie mit einem Gegenbeispiel. Sie richtete sich gerade auf im Stuhl, ihre Augen blitzten, ihre Stimme hatte einen triumphierenden Unterton, und sie sagte: «Denk doch an Romedi!»
Ich sah ihn vor mir. Er war ein richtiger Bergler geworden. Seine Haare und seinen Bart hatte er lang wachsen lassen, im Sommer hatten er und seine Frau eine Alp betreut, er hatte Kühe gehütet, letztes Frühjahr sogar einen Kurs genommen, um Käsen zu lernen, im Winter sich als Skilehrer verdingt, aber diesen Sommer hatte er sich den Bart gestutzt, ging zum Friseur und liess sich wieder als Lehrer anstellen, als der er eigentlich ausgebildet war.
Er hatte das temporäre, scheinbar «freie» Arbeiten aufgegeben, sich also freiwillig in die Zwänge des Berufslebens hinein manövriert, um geregelter für seine Kinder Zeit zu haben.
Gutverdienende Berufsleute wollen sich nicht von Macht und Verdienst trennen. Das ist kein Zwang, auch wenn die Folgen dieser Wahl oft als Zwänge ausgegeben werden. Ich jedenfalls verstehe unter «Zwang» noch etwas anderes als «zwangsläufige Folge». «Zwang» wird mir von aussen «aufgezwungen». Eine «zwangsläufige Folge» folgt «zwangsläufig» aus einer Tat, die ich freiwillig beging.
Ich nehme mich selbst an der Nase. Wenn es Menschen gibt, die ihren Widerwillen mit einem schicksalsergebenen Blick in ihren Terminkalender begründen, kann ich meinen Behindertenbonus ausspielen, kann ihn bisweilen aus dem Ärmel zaubern.

Auf der Säule

Ursula stellte betrübt fest, dass sie nach Erfüllung einer Aufgabe Öde und Leere fühle, einen veritablen Absturz erlebe, ich dagegen relativ ausgeglichen sei. Offenbar ein weiteres Plus der Krankheit: Wer am Boden liegt, stürzt nicht ab.

Das geschieht mir manchmal ganz buchstäblich, wie damals, als ich neben der Tramhaltestelle am Boden lag, oder an jenem Nachmittag, als man mich bewegungsunfähig aufs Bett hievte, oder auch am Synodennachmittag, als man mich stumm und schweigend im Hotelzimmer aufs Bett legte.

Es sind die Momente, in denen ich in meinem Wissen um die christliche oder anders beurkundete Tradition krame, um herauszufinden, wie andere Menschen mit dieser Situation umgingen. Wenn ich schon buchstäblich am Boden liegen muss, will ich das nicht auch noch im übertragenen Sinne. Und dazu muss ich die Geschichte bemühen, denn die heutige materialistisch-pekuniäre Weltsicht drückt mich höchstens noch mehr auf den Boden.
Ich dachte an eine Reise, die mich in die Osttürkei führte, speziell an einen Berg, auf dem wir hielten. Ich erinnerte mich an die schöne Sicht, die bewaldete Ebene, die von Silber glänzenden Flüsse, die sie durchzogen. Es war Frühling, und auf dem kargen Boden blühten die Adonisröschen, die Gegend war übersät mit einem zarten Rot. Gerade zog ein Habicht seine Kreise und ein Gesumm von Insekten erfüllte die Luft. Neben einer baufälligen romanischen Kirche war der Platz, auf dem die Säule des Styliten, des Säulenheiligen Simeon gestanden haben soll.
Dieser Simeon tat es mir an, und als ich aufhören musste, den Pfarrberuf auszuüben, verbündete ich mich in Gedanken mit Simeon. Ich frage mich: Warum grenzt jemand, der gesund und jung ist, seinen Bewegungsraum ein, um etwas zu erreichen? Was verspricht er sich? Was hofft er zu gewinnen?

Ich konnte und wollte nicht auf eine Säule steigen, aber eines habe ich gelernt: Immobilität kann Kräfte freisetzen. Nach bald zweitausend Jahren spricht man noch von ihm und von welchem unserer hochgejubelten Sportasse wird man in zweitausend Jahren noch sprechen? Das heisst doch, dass Leben mehr ist als Bewegungsfreiheit, dass Leben mehr ist als ein dickes Portemonnaie, ein wohlgeformter und gestählter Körper.

Nur: Was hat Simeon den ganzen Tag über auf der Säule gemacht? Was konnte er den Leuten erzählen, die sich unter ihm versammelten? Ich stehe auf keiner Säule, sondern liege am Boden, respektive auf dem Bett. Wenn ich aber nicht wie ein gehäutetes Rind im Schlachthof umherbugsiert werden will, muss ich den Menschen, die sich um mich kümmern, etwas erzählen.

Wer eine Reise tut, der kann etwas erzählen. Hier treffe ich mich mit Simeon. Er wollte keine Reise mehr tun, ich kann keine Reise mehr tun. Aber ich kann eine Reise in mein Inneres tun. Ich höre auf meinen Körper, ich erinnere mich an das, was ich gelesen, gehört und gesehen habe. Zeit dazu habe ich ja und von dem, was herauskommt, kann ich erzählen.

Fremdbestimmt?

Zeit. Viel Zeit. Hinter jeder Ecke lauert die Langeweile, in der man die Zeit ohne Hilfe von Arbeit füllen muss (?), kann (?), darf (?). Ich erinnere mich an einen Tramchauffeur, der eigentlich Spengler werden wollte, aber weil damals keine Lehrstelle frei war, zu den Verkehrsbetrieben ging und während vierzig Jahren die Tramwagen durch die Stadt führte. Damals, als Student, kam mir das reichlich exotisch vor, ich belächelte ihn innerlich und fragte mich, ob es in diesen vierzig Jahren denn nicht einmal eine Möglichkeit zum Wechsel gegeben hätte.

Dass ich als Student, dem die Welt offenstand und der einen Pfad im Gewirr der Wege wählen musste, so empfand, liegt auf der Hand. Heute, da ich gestandener Vater zweier Töchter bin, darf ich mich freuen, dass ich mich nicht mehr mit Wählen quälen muss. Älter werden heisst Entscheidungen zu treffen, und wer sich für etwas entscheidet, entscheidet sich gegen viele andere Möglichkeiten. Heute entscheidet die Krankheit für mich. Muss ich sie deshalb verachten?

Listig

Mein Leben gleicht einem Leben in Halbgefangenschaft. Am Morgen wähne ich mich kräftig und beweglich, den Nachmittag verbringe ich sicherheitshalber im Bett.

Es geht mir unvergleichlich viel besser als in einer Strafanstalt. Ich bin nicht allein (wenn die Kinder nicht in der Schule und die Frau nicht bei der Arbeit sind), ich kann gehen, wohin ich will (wenn ich gehen könnte), ich kann tun, was ich will (wenn ich noch Kraft in den Händen hätte). Den Unterschied zum Strafgefangenen könnte man so formulieren: Der Strafgefangene kann alles, aber darf nichts, ich als Kranker darf alles, aber kann nichts.

Ist nun Freiheit für Strafgefangene und Kranke trotzdem möglich? Wenn ich diese Frage bejahte, käme die Strafjustiz in Nöte, denn Freiheitsentzug wäre als Strafmassnahme untauglich und gesunde Wertvorstellungen kämen ins Wanken. Was macht man mit jemandem, der will, was er muss?

Lebendig zu Hause

Ich sitze die meiste Zeit an meinem Schreibtisch. Aber wenn ich schon behindert bin, will ich nicht auch noch so aussehen, also den wenigen Haaren, die auf meinem Kopf noch zu finden sind, ungehindert zu wachsen erlauben. Kurz, ich bin ein Teil im Universum menschlicher Eitelkeiten. Dieser Eitelkeit will ich meinen Obolus entrichten, ich will zu «meiner» Coiffeuse, mit der ich romanisch sprechen kann. Da ihr Salon einige hundert Meter entfernt ist, ich aber auch auf Hilfe angewiesen wäre, wenn er nur einen Steinwurf entfernt wäre, bestellte ich ein Taxi.

Ich habe den Friseur auf fünfzehn dreissig verabredet; als der Taxifahrer klingelt, versuche ich noch, mir einen Anorak überzuziehen, gebe es aber schnell auf. Ich verwünsche mich kurz, aber inbrünstig; warum habe ich mir nicht einen Termin am Morgen geben lassen? Mich erwartet ein anstrengender Weg zum Salon; dies wird ein erstes Mal noch vor dem Einsteigen ins Taxi zur Gewissheit: ich falle trotz Wägelchen zur Seite. Die Fahrt zum Salon geht problemlos; nicht einmal ich schaffe es, aus einem Autositz zu fallen. Schwierigkeiten tauchen erst wieder auf, als wir vor dem Coiffeursalon stehen. Die Stufen hinauf schaffe ich nur dank des Taxifahrers. Er unterstützt mein linkes Bein und hebt es jeweils eine Stufe höher. Als ich im Coiffeursessel sass, konnte ich mich entspannen, mich ausruhen und sogar mit der Coiffeuse verständliche Worte wechseln.

Wieder zurück am Schreibtisch frage ich mich: Hat sich der Aufwand gelohnt? Wäre es nicht besser gewesen, einfach am Schreibtisch sitzen zu bleiben und die Coiffeuse nach Hause kommen zu lassen? Spontan fällt mir eine Geschichte Franz Hohlers ein: Es ist die Geschichte zweier Regenwürmer. Der eine bleibt schön brav unter der Erde, der andere geht immer wieder an die Oberfläche und wird eines Tages von einem Vogel gefressen. Der «unterirdische» Wurm überlebt. Ist das ein Leben?

Ein Traum

Eines schönen Nachmittags, an dem ich – wie meist – das Bett hütete, hörte ich Natalia Ginzburgs Erzählung «Inverno in Abruzzo». Ich blieb hängen am Satz «Träume verwirklichen sich nie, und kaum haben sie sich verflüchtigt, erkennen wir jäh, dass wir die grössten Freuden unseres Lebens ausserhalb unserer Wirklichkeit zu suchen haben.» Können grosse Freuden, Träume, nur ausserhalb unser selbst stattfinden? Erleben wir wirkliche Glücksgefühle nur in der Ekstase, beim Lesen eines packenden Buches, im Liebesakt, beim Hören hinreissender Musik? Kann ich grosse Freude nur erleben, wenn ich ausser mir bin?

Natalia Ginzburg war im Gefängnis, ich bin im Gefängnis meines Körpers. Zwar ist das eine Formulierung, die sofort zu Missverständnissen einlädt, aber oft kommt es mir so vor. Wie dem auch sei: Ich will nicht nur in aussergewöhnlichen Momenten Freude erleben, sondern im täglichen Leben, wenn auch nicht über die Massen erfreut, so doch zufrieden. Wenn ich mir die Wirklichkeit selbst konstruiere, kann ich sie ja so konstruieren, dass ich damit zufrieden bin. Zufrieden bin ich, wenn ich meine Träume verwirklichen kann. Und dazu verhilft mir ein Ausspruch des brasilianischen Befreiungstheologen Dom Helder Camara: «Wenn ein Mensch alleine träumt, bleibt es ein Traum. Wenn viele gemeinsam träumen, ist es der Beginn einer Wirklichkeit.» Wenn ich dann mit Freunden zusammensitze, beginnt eine Wirklichkeit traumhaft zu werden. Dann werden Gerechtigkeit, Frieden und Bewahrung der Schöpfung erlebbar.

Gemischt

Wieder habe ich eine Nacht gelähmt durchlebt, konnte darum die Blase nicht am dafür bestimmten Ort entleeren, durchnässte das Bett, ersehnte den Schlaf, den ich erst gegen Morgen fand. Seit ich mir Betaferon spritze, geschieht mir solches etwa einmal im Monat. In solchen Momenten zweifle ich daran, ob dieses Medikament der unbestreitbare Fortschritt der Medizin ist, als der es angepriesen wurde.

Die Anthroposophen haben den Teufel der Krankheit integriert, die Schulmedizin macht dem Teufel der Krankheit mit dem Beelzebuben des Betaferons das Leben schwer. Während dieser langen Nächte wäge ich während ohnmächtigen Wutanfällen ab. Zwar ging es mir unter der Pflege meines Anthroposophenarztes gesundheitlich durchaus schlechter, doch hatte ich nie den Eindruck, der Krankheit so völlig ausgeliefert zu sein. Mir fällt eine chinesische Geschichte ein, in der ein König seine Feinde besiegt, indem er sie zu Freunden macht.

Bis auf Weiteres

Nein, ich bin froh, nicht im Rollstuhl zu sitzen. War es Betaferon? Ich weiss es nicht. Wegen oder trotz des Medikaments kann ich mich noch bewegen. Immer weniger, der Rollstuhl verliert seine Bedrohlichkeit. Ich freute mich, wenn ich noch frei gehen könnte, aber wenn das Gehen immer schwieriger wird, wird – und ist – es eine Erleichterung, sich in den Rollstuhl zu setzen. Und immer wieder denke ich an die Worte Pierres in Tolstois «Krieg und Frieden»: «Wenn uns etwas aus dem gewohnten Geleise wirft, denken wir, alles sei verloren, aber dabei beginnt doch nur etwas Neues und Gutes. Solange Leben da ist, gibt es auch Glück. Die Zukunft ist reich, das sage ich euch.»

Die kleinen Dinge

Behindert sein kostet Geld. Ich meine nicht die grossen Dinge, die Apparate, die bis jetzt von der Invalidenversicherung übernommen werden. Ich meine die kleinen Dinge, zum Beispiel heute ein Fieber-thermometer. Die Batterien müssten ausgewechselt werden... in der Apotheke erst in einigen Tagen erhältlich. Die Kinder sind jetzt krank. Zwar gäbe es auch woanders Batterien, aber woanders liegt einen Kilometer weit weg. Also kaufe ich ein neues Fieberthermometer.

Aufgehoben

Ich bin ein treuer Kirchgänger. Heute bin ich einer der wenigen, ich kann nicht im trägen Strom der Mehrheit mitschwimmen, in Übereinstimmung mit der herrschenden Meinung der plutokratisch orientierten Mehrheit. Bin ich deswegen altmodisch? Heute muss man sich fragen: Was bringt's mir? Sicher ist ein Teil Gewohnheit dabei. Ich bin so erzogen worden, ich war Pfarrer – was ich partiell noch heute bin.

Doch abgesehen davon, dass die Krankheit immer wieder von mir fordert, mich auf Neues einzustellen und mir die Kirche einen Ort bietet, der vertraut ist und mir immer noch offensteht, bin ich doch Teil unserer narzisstischen Kultur und will dieser Frage nicht ausweichen.

Was bringt es mir also? Zuerst fällt mir ein, dass hier eine ausgezeichnete Organistin spielt, die für mich ins Alltagsgrau einige funkelnde Perlen setzt. Die Predigt regt mich zum Denken an, sie weitet meinen Blick über mein eigenes Ergehen hinaus. Das will die Krankheit: Sie will, dass ich mich nur mit mir selbst beschäftige. Heute wird von mir gefordert, dass ich Konsument, Mehrwertbeschaffer und selbstbezogen bin. Meine Krankheit fördert diese Selbstbezogenheit – und beraubt mich dabei eines grossen Teils meines Menschseins. Aber auch wenn ich krank bin, will ich doch Mensch sein.

Fenster

Kein Wasser,
kein Leben,
kein Baum,
kein Mensch.
Nur Fenster,
höhnisch
grinsend.

Ratlos

Sonntagmorgen. Ich gehe zur Kirche. Das schmälert meine Isolation, sowohl physisch – ich begegne anderen und sitze nicht andauernd allein vor dem Computer – als auch gedanklich, in der Predigt höre ich von anderen Gegenden, anderen Zeiten, drehe mich nicht immer um mich selbst und meine Befindlichkeit. Manchmal fehlt mir die Kraft, zeitig aufzustehen, mich anzukleiden und hinunter ins Auto zu steigen. Dann höre ich die Predigt am Radio. Heute war ein solcher Tag, ich legte mich aufs Bett und stellte das Radio an.

Heute war Tag der Kranken. Dazu gab's zwei Predigten. Ihren Inhalt vergass ich, ich erinnere mich nur, dass ich mich andauernd fragte: Warum dürfen Kranke nicht für sich selbst reden? Warum darf man auch am Tag der Kranken nicht erwarten, dass ein Predigender nur mit Mühe sprechen kann? Wie immer in solchen Situationen tauchte eine Seelsorgesupervisorin in meinen Gedanken auf, die mir erklärt hatte, dass ein Kranker an einem Krankenbett nichts zu suchen habe, sein Platz sei im Bett. Ohne einem säkularen Heiligen nahe treten zu wollen: Hat nicht S. Freud gesagt, Kranke könnten nichts anderes als an die Krankheit denken, wie auch der Volksmund weiss, dass Ärzte nie krank werden und Pfarrer nie ihren Glauben verlieren.

Ich denke an die Anonymen Alkoholiker, die sagen, man könne nichts für seinen Alkoholismus, aber man sei verantwortlich für seinen Entzug. Wenige – mit Ausnahme der erwähnten Esoterikerin oder bibelunkundiger Fundamentalisten – schieben mir die Schuld an meiner Krankheit zu. Trotzdem schiebt man mich wie einen Schwerverbrecher oder Geistesgestörten ab, billigt mir nur allereinfachste Arbeiten zu. Nähme man kranke Menschen nicht eher ernst, wenn man ihnen die Fähigkeit zubilligte, ihr Leben selbst zu gestalten – oder würde das die Gesunden ängstigen?

Das Ganze hat für mich noch eine spirituelle Dimension. Dazu gehört zum einen die Kirche, in der ich – trotz Krankheit – ein vollwertiges Mitglied bin, zum anderen glaube ich, dass ich vollwertig bin.

Selbstwert

Ich erinnere mich an eine Stunde in der Primarschule, als wir Brief-schreiben übten und die Lehrerin uns dringend davor abriet, einen Brief mit «ich» zu beginnen. Auch in der Familie hiess es: «Der Esel kommt immer am Schluss.» Das bedeutete: Der Erzähler soll sich bei einer Aufzählung zuletzt erwähnen.

Heute bin ich Vater und meine Töchter beginnen jede Aufzählung mit sich selbst. Für eine Feministin der siebziger oder achtziger Jahre des letzten Jahrhunderts wäre es klar: Meine damalige Lehrerin und meine Eltern gehörten in einen Mottenschrank gesteckt. Wenn ich an diese Zeit denke, denke ich vor allem an den Titel eines Buches, das knallrot auf dem Bücherregal stand, an dem ich zu Hause jeweils auf dem Weg zur Toilette vorbei musste. Er lautete: «Ich bin ich.»

Damals waren die Feindbilder klar, heute ist das Ganze etwas kom-plizierter geworden; alles wird materiell gewertet und ich werde daran gemessen, ob ich einen Mehrwert schaffe. Dazu kommt, dass ich krank bin. Was ich im Radio höre, im Fernsehen sehe und was mich auf Plakatwänden anstarrt, sagt mir unmissverständlich: «Du bist nichts wert.»

Doch ich fühle mich wert. Dieses Selbstwertgefühl gründet sich drei-fach: Erstens hat mich eine Frau geheiratet, die wusste, dass ich krank bin. Zweitens bin ich Teil einer vielzweigigen Familie, die der Kirche nahe steht, und drittens pflege ich meine Freunde, die mich nicht an meiner Leistung messen.

Das Blatt

Ein Blatt, entsaftet schon,
gönnt sich die letzte Rast.
Noch hält es sich,
wenn auch nur schwach, am Ast.
Das hat der Herbst
mit Farbe übergossen.
Doch Blatt um Blatt
entfallen die Genossen.
Pfeifend kehrt der Wart
mit seinem Besen.
Der Wind frischt auf. Ade!
Das wär's denn schon gewesen.

Trotzdem

Heute zeigt sich Davos in seinem besten Kleid. Frisch gefallener Schnee, über allem eine lückenlose weisse Decke, wolkenloser, blauer Himmel, klare, frische Luft, abseits vom Treiben der Erolungs-suchenden Stille und Frieden: Der Traum jedes Stadtflüchtigen. Wie kann ich damit umgehen? Dieses Bild steht vor meinen Augen, die Landschaft liegt mir zu Füssen, nur, so fürchte ich, tragen diese mei-nen Körper nicht mehr, wenn ich versuchen sollte, die liegende Landschaft zu spüren. Was also tun? Mein Körper hilft meinem Geist. Den Drang, mich zu bewegen, spüre ich nicht mehr. Sicher erfüllt es mich mit Wehmut, wenn ich daran denke, wie ich früher mit meinen Skis den Schnee stieben machte, durch verschneite Wälder zog oder die verschneiten Berge grüsste, während ich auf dem See meine Spuren ins Eis ritzte.

Und trotzdem lebe ich noch, und ich lebe gerne. Mein Leben ist anders geworden. Ich kann nicht mehr durch die Wälder streifen und dem klopfenden Specht zuhören, aber ich kann mich hinsetzen und auf mein Inneres hören, ich kann den Schnee nicht mehr aufwirbeln, aber die Gedanken sich reimen lassen, ich kann nicht mehr meine Wichtigkeit beweisen, indem ich auf meinen vollen Terminkalender weise, aber ich kann dem Gast die Tür öffnen und mich mit ihm hin-setzen. Eines traue ich mir zu: Ich hätte das Leben auch gepackt, wenn ich gesund geblieben wäre.

Würdigung

Die Zeit, die Niklaus Schubert und ich zusammen mit dem Thema MULTIPLE SKLEROSE – einem echten Lebensthema von uns beiden – verbracht haben, ist nicht messbar. Sie wird es auch nie werden, denn das Empfinden dieser Zeit ist relativ und kann nicht in Stunden, Monaten oder Jahren ausgedrückt werden. Wir haben uns mit dem Thema auseinandergesetzt, uns aber auch einander zugewandt. Für Niklaus Schubert ist diese Lebenszeit, in der er sich intensiv mit seiner Krankheit beschäftigt, eine ganz andere, als die Zeit, die es für mich bedeutet, mir über das Thema Multiple Sklerose Gedanken zu machen.

Dieses Buch, das Sie, liebe Leserinnen und Leser, nun in Händen halten – aus welchem Grund auch immer – ist wichtig, denn die wirklichen Experten des Krankheitserlebens sind immer die Betroffenen selbst. Es ist wichtig für Niklaus Schubert, weil seine privatesten Gedanken an die Öffentlichkeit getragen werden.

Die persönlich erlebte Geschichte am Skilift oder auch das Gedicht «Aufgefordert» – ein Aufruf zum Handeln, auch wenn wir glauben, als einzelne Person nichts erreichen zu können – bewegt und berührt uns. Vielleicht fordert er uns damit ein «Jetzt erst recht» ab.

Vielleicht wird der eine oder andere beim Gedicht «Ein Traum» an seinen Traum der letzten Nacht, seinen Kindheitstraum oder seinen Tagtraum während der Arbeit erinnert. Das Stichwort «Traum» ist auch für mich eine gute Überleitung vom poetischen zum medizinischen Teil des Buches. Es sollte kein Traum bleiben, dass ich als Mediziner einmal meinen zukünftigen Patienten sagen darf: Sie haben MS, aber zum Glück ist diese Krankheit heilbar! Es wird der Zeitpunkt kommen, an dem die zur Verfügung stehenden diagnostischen Methoden und die krankheitsmodifizierenden Medikamente uns diese Botschaft möglich machen.

Die Grundlagenforschung hat bereits den Beweis erbracht, dass Nervenzellen, die einmal vernetzt waren, deren Kontakt aber unterbrochen worden ist, wieder miteinander kommunizieren können; dass ein solcher Schaden wieder rückgängig gemacht werden kann. Das macht Hoffnung.

Die angewandte Forschung in der pharmazeutischen und speziell der biotechnologischen Industrie erlaubt die Entwicklung von Medikamenten mit Wirkmechanismen, die den Verlauf der Multiplen Sklerose aufhalten. Das gibt Zuversicht.

Die Ideen der Physiotherapeuten gehen ständig neue Wege. Neben der interessanten Hippotherapie werden neuerdings auch Kletterkurse für die Therapie der MS-Betroffenen durchgeführt. Die Wirksamkeit verschiedener Behandlungsverfahren wird regelmässig wissenschaftlich aufgearbeitet, gerade auch, um den Betroffenen wie den Krankenversicherern stichhaltige Argumente für diese Therapien liefern zu können. Das ist vorausschauend.

Dieses Buch liefert einen grossen Beitrag zur Verständigung. Geniessen Sie, liebe Leserinnen und Leser, den Inhalt und reden Sie bitte darüber, behalten Sie Ihre Meinung, Ihren Kommentar, Ihre Anmerkung nicht für sich! Nutzen Sie auch die Diskussionsforen, die über die Schweizerische MS-Gesellschaft angeboten werden!

Lieber Niklaus Schubert, herzlichen Dank für diesen wertvollen Beitrag!

Prof. Dr. med. Jürg Kesselring, Chefarzt Neurologie
Rehabilitationszentrum Valens

Inhaltsverzeichnis II; medizinischer Teil

1. Was ist Multiple Sklerose?

Die Multiple Sklerose (MS) ist eine langfristige chronische Erkrankung des Zentralen Nervensystems. Besonders Gehirn und Rückenmark sind betroffen. MS wird am häufigsten zwischen dem 20. und 40. Lebensjahr erkannt. Sie tritt bei Frauen zweimal häufiger auf als bei Männern.

Bei der MS sind die Kontrollfunktionen des Gehirns gestört. Tätigkeiten wie Sehen, Laufen und Sprechen sind beeinträchtigt. Die Krankheit ist äusserst unberechenbar, da physische und psychische Symptome sehr verschieden sein können. Es gibt keine «Standard-MS»; die Krankheit verläuft immer wieder anders und ist deswegen relativ schwierig zu diagnostizieren.

Die Symptome können mild sein (z.B. Kribbeln in den Extremitäten), in extremen Fällen auch eine totale Lähmung einzelner Körperteile beinhalten. Tatsächlich kann ein Patient im Laufe seiner Krankheit viele verschiedene Symptome erfahren.

Da die Symptome in den meisten Fällen über mehrere Tage, Wochen oder Monate auftreten und dann wieder verschwinden, nennt man die häufigste Form von MS «schubförmig remittierend».

a) Demyelinisierung

Millionen von Nervenbahnen laufen durch das Rückenmark vom und zum Gehirn. Sie übermitteln Impulse im ganzen Körper, die unsere Sinne und sowohl die bewussten als auch unbewussten Körperfunktionen steuern. Jeder einzelne dieser Nerven ist von einer isolierenden Schutzschicht umgeben, so wie ein elektrisches Kabel mit Plastik isoliert ist. Man nennt diese Schutzschicht Myelin. Solange jede Nervenbahn mit Myelin umhüllt ist, können Impulse ungestört und schnell übermittelt werden. Kurzschlüsse zwischen einzelnen Nerven werden verhindert. Die Symptome von MS entstehen, wenn Myelin zerstört und der darunter liegende Nerv vom körpereigenen Immunsystem angegriffen wird. Dabei verwechselt das Immunsystem das körpereigene Myelin mit einer körperfremden Substanz, die es zu bekämpfen gilt. Ohne Myelin kann der freigelegte Nerv die Impulse nicht mehr so effizient transportieren, worunter verschiedene Körperfunktionen leiden; Bewegungen z.B. scheinen unkoordiniert abzulaufen. Am Anfang findet noch ein gewisser Heilungsprozess statt, sobald aber der freigelegte Nerv zerstört ist, kann er seine Funktion nie wieder erlangen. Leider ist dieser Zerstörungsprozess im frühen Stadium der Krankheit am aktivsten, weshalb es wichtig ist, die Krankheit früh zu erkennen, damit sie effizient behandelt werden kann.

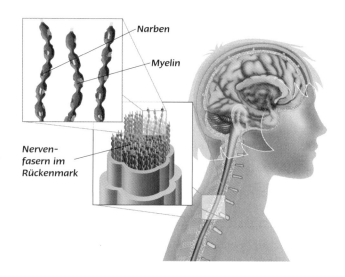

Abb. 48.1 Ort einer möglichen Demyelinisierung

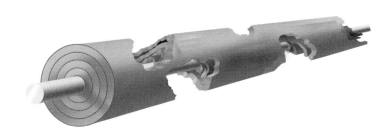

Abb. 48.2 Angegriffene Nervenfaser

b) Multiple Narben

An jenen Stellen im Gehirn, wo die beschriebenen Angriffe aufs Nervensystem stattfinden, sind Millionen von Nervenbahnen betroffen. Wenn die Entzündungen abklingen, bleiben Narben zurück. Diese Narben nennt man Sklerose. Da sie an vielen (= multiplen) verschiedenen Orten im Zentralen Nervensystem entstehen, nennt man die Krankheit Multiple Sklerose.

Da nur ein kleiner Teil unseres Gehirns direkt für die Kontrolle von Bewegungen, Gefühlen und Sinnen verantwortlich ist, kann es sein, dass die Zerstörung von Nervenbahnen unbemerkt von statten geht und vorerst keine klinischen Symptome zu Tage treten. Trotzdem schreitet die Krankheit voran und die Schädigungen kumulieren sich mit der Zeit.

Im frühesten Stadium der MS kann das Zentrale Nervensystem Impulse über alternative Wege weiterleiten, um die vernarbten Gebiete zu umgehen. Aus diesem Grund findet am Anfang der Krankheit meist eine komplette Rückbildung der Symptome statt. Da mit der Zeit aber immer mehr und grössere Gebiete vernarben, kommt der Tag, an dem das Zentrale Nervensystem alle Sicherheitsnetze aufgebraucht hat. In diesem Stadium bilden sich Symptome nach einem Schub nicht mehr zurück und Behinderungen bleiben bestehen. Deshalb ist es so wichtig, dass die Krankheit vorher gestoppt oder gebremst wird.

2. Was sind die Ursachen für MS?

Wir wissen noch nicht genau, was die Ursache für MS ist. Einige Spezialisten glauben an eine Kombination von erhöhter Empfindlichkeit dank Vererbung und Umweltfaktoren. Was auch immer der Grund ist, MS ist nicht ansteckend.

a) Erbliche Faktoren
MS kommt häufiger unter Menschen nordeuropäischen Ursprungs vor. Sie ist seltener unter Menschen asiatischer oder afrikanischer Herkunft.
Die Krankheit wird normalerweise nicht von den Eltern an die Kinder vererbt. Es kommt aber vor, dass, wenn ein Familienangehöriger MS hat, die anderen Familienmitglieder ein etwas höheres Risiko haben, ebenfalls MS zu entwickeln.
Bis heute wurde kein einzelnes Gen identifiziert, dass als Auslöser von MS gelten kann. In gewissen Familien, wo mehrere Mitglieder MS haben, sind allerdings gewisse Gene öfter vertreten als bei anderen.
Man glaubt heute, dass eine Person MS entwickelt, wenn sie mit einer etwas höheren Empfindlichkeit geboren wurde und dann auf einen Umweltfaktor reagiert, der eine Autoimmun-Reaktion (das Immunsystem greift körpereigene Zellen an) auslöst, wobei dabei die Isolationsschicht der Nerven im Zentralen Nervensystem irrtümlicherweise angegriffen und zerstört wird.

b) Umweltfaktoren
Wissenschaftler haben verschiedene Viren, Bakterien, Umweltgifte, Ernährungsgewohnheiten etc. erforscht, aber bis heute keine abschliessende Antwort auf ihre Rolle bei der Entwicklung von MS gefunden.

3. Arten von MS

Diese Übersicht soll eine äusserst komplizierte Krankheit besser verständlich machen. Natürlich gibt es für jede Gruppe eine ganze Zahl von Untergruppen.

a) Schubförmig-remittierende MS (SRMS)
Bei der schubförmig-remittierenden MS treten Symptome schubförmig auf und klingen vollständig oder unvollständig wieder ab. Die Symptome erscheinen über mehrere Tage oder Wochen, um dann wieder vollständig oder teilweise zu verschwinden. Schübe können alle paar Monate einmal oder aber auch nur alle paar Jahre einmal stattfinden. Es gibt kein Muster für die Schübe, sie sind unvorhersehbar.

SRMS ist die häufigste Form von MS: ca. 80 Prozent aller Betroffenen haben diese Form der Krankheit. Dank den heute verfügbaren krankheitsmodifzierenden Therapien kann der natürliche Verlauf der MS verändert werden. Ohne Behandlung entwickeln 50 % aller Patienten zwischen 5 und 15 Jahren nach der ersten Diagnose eine sekundär progressive MS (SPMS). Ein kleiner Prozentsatz der SRMS-Patienten hat nur ganz wenige und milde Symptome, man sprach früher von «milder» MS. Leider ist dies aber nur eine rückblickende Diagnose und man weiss nie sicher, ob und wann sich der Krankheitsverlauf verändern könnte. Möglicherweise handelt es sich nämlich um eine MS, die lange ohne Symptome still voran schreitet, um dann plötzlich sichtbar zu werden.

b) Sekundär progrediente MS (SPMS)

Der Wechsel von SRMS zu SPMS erfolgt normalerweise 5 bis 15 Jahre nach Einsetzen der MS. Bei SPMS nehmen die neurologischen Symptome konstant zu. Anfangs können noch vereinzelte Schübe stattfinden, danach hören diese vollkommen auf und die Behinderungen kumulieren stetig. Bei ungefähr 30% aller Betroffenen ist heute eine SPMS diagnostiziert. Mit den neuen krankheitsmodifizierenden Therapien wird diese Zahl in Zukunft eher abnehmen.

c) Primär progrediente MS

Bei der primär progredienten (primary-progressive) MS werden die Symptome zunehmend schlimmer, es gibt keine Schübe und auch keine Remissionen. Es gibt Leute mit primär progredienter MS, die kurze Perioden erleben, während derer ihre Symptome gleich bleiben oder sich ein wenig bessern. Diese Form von MS wird meist bei Menschen über 40 Jahren diagnostiziert.

Gewisse Faktoren können einen agressiven Krankheitsverlauf anzeigen:
- Häufige Schübe
- Symptome verschwinden nur teilweise
- Viele neue Läsionen auf dem Kernspintomogramm
- Symptome erscheinen im Alter von über 40 Jahren zum ersten Mal
- Männliches Geschlecht
- Mehrere Symptome treten gleichzeitig auf
- Muskelsteife, Lähmungen, Gleichgewichts- und Koordinationsprobleme erscheinen früh im Krankheitsverlauf

d) Remission

Eine Remission bedeutet nicht, dass alle MS-Symptome verschwinden, sondern dass die Person mit MS wieder zum Gesundheitszustand vor dem letzten Schub zurückfindet. Alle Formen der MS können sich zeitweise stabilisieren, um dann plötzlich wieder weiter fortzuschreiten. Zwei von drei Personen mit MS bleiben ihr ganzes Leben lang mobil, aber viele benötigen einen Stock, eine Gehhilfe oder einen Rollstuhl, um Energie zu sparen.

e) Wie wird ein Fortschreiten der Krankheit festgestellt?

Der beste Weg um festzustellen, ob die MS fortschreitet, ist eine Aufzeichnung der Symptome und deren Geschichte. Das mag manchmal schwierig sein, weil viele Symptome so schwierig zu identifizieren sind. Um das Fortschreiten der Krankheit zu beobachten, vertraut der Spezialist auf die Eindrücke des Patienten. Zudem setzt er ähnliche Tests ein wie bei der Diagnose.

Die Magnet-Resonanz-Tomografie (MRT)

Neue und auch sogenannte stille Läsionen im Gehirn und im Rückenmark können mit der Magnet-Resonanz-Tomografie (MRT) – englisch: MRI Magnetic Resonance Imaging (MRI) – aufgedeckt werden. Auf dem MRI kann der Neurologe die Gesamtanzahl der Läsionen und deren Sitz, die Anzahl neuer Läsionen und das Ausmass der Entzündungsherde erkennen.

EDSS = Expanded Disability Status Scale (erweiterte Behinderungsskala)

Das Fortschreiten der MS und die Anhäufung von Behinderungen werden auch in einem einfachen Beurteilungssystem festgehalten, welches die Fähigkeit, einfache tägliche Tätigkeiten auszuführen, evaluiert und in einer Skala festlegt.

4. Symptome der MS

Symptome kommen und gehen; sie sind manchmal sehr mild und manchmal schwerwiegend. Gewisse Menschen erleiden nur ein paar wenige typische MS-Symptome, andere wiederum fast alle. Eine Schädigung des Sehnerves kann z.b. zu einer Sehbehinderung führen und eine Schädigung im Rückenmark zu einer Lähmung oder einem Schwächegefühl in den Extremitäten.

a) Häufigste Symptome
• Unerklärbarer, konstanter Erschöpfungszustand
Diese Art der Müdigkeit steht in keinem Zusammenhang mit besonderen Anstrengungen. Sie ist eines der meistverbreiteten MS-Symptome, kann aber auch die Nebenerscheinung einer anderen Krankheit oder auf Nebenwirkungen eines Medikamentes zurückzuführen sein.

MS-Müdigkeit ist ganz anders als normale Müdigkeit:
– Sie tritt jeden Tag auf, auch nach einer Nacht mit normalem Schlaf
– Sie kann nicht mit einer erkennbaren Ursache in Verbindung gebracht werden, erscheint plötzlich und wird schlimmer bei heissem und feuchtem Klima
– Sie kann die Funktions- und Arbeitsfähigkeit stark beinträchtigen
– Manchmal ist diese Müdigkeit das einzige identifizierbare MS-Symptom.
– Schmerzen und Kopfweh

Schmerzen sind nicht ungewöhnlich für MS, aber nicht alle Schmerzen sind auf MS zurückzuführen. Rückenschmerzen sowie Schmerzen von Muskelkrämpfen oder -steife kommen bei MS am häufigsten vor.

- Sehverlust in einem oder beiden Augen
- Sehstörungen, Doppelbilder, ruckartige Augenbewegungen
- Seltsame Gefühle in Armen und Beinen (Kribbeln, Gefühls-störungen)
- Verlust z.b. des Tastgefühls
- Schwierigkeiten Treppen zu steigen und zu laufen
- Gleichgewichtsstörungen
- Muskelschwäche
- Muskelkrämpfe oder -steife (Spastizität)
- Sprach- oder Schluckprobleme
- Konzentrationsschwierigkeit, Vergesslichkeit
- Schwierigkeiten beim Stuhlgang oder bei der Entleerung der Blase
- Veränderungen der Sexualfunktionen
- Gefühlsschwankungen

Mit Medikamenten und Therapien können viele dieser Symptome kontrolliert werden.

b) **Symptome und ihre Lokalisation im Zentralen Nerven-system (ZNS):**

Symptom	Ort der Läsion im ZNS
Optische Neuritis, gestörtes Sehvermögen	Optischer Nerv
Benommenheit, Probleme mit Koordination und Gleichgewichts-störungen, Schwindel	Gehirnstamm
Schwäche, Kribbeln, Gefühls-störungen in den Extremitäten, Muskelkrämpfe oder Muskelsteife (Spastizität)	Rückenmark und Grosshirn

5. Diagnose

a) Wer erkrankt an MS?

MS ist bei jungen Erwachsenen die am meisten verbreitete neurologische Krankheit. Die Schweiz gehört zu den Gebieten der Welt, die mit einem Fall pro 1000 Einwohner ein relativ hohes MS-Risiko aufweisen: rund 10 000 Menschen leiden in der Schweiz an MS; weltweit sind es über zwei Millionen.

MS wird am häufigsten zwischen dem 20. und dem 40. Lebensjahr diagnostiziert, wobei doppelt so viele Frauen wie Männer die Krankheit entwickeln. Die Krankheit tritt nur in seltenen Fällen bei Kindern oder alten Menschen auf.

b) Wie wird MS diagnostiziert?

Es gibt bis heute keinen einzelnen, definitiven Test, der beweist, dass man MS hat. Die MS-Diagnose ist schwierig, da Symptome von einem Patienten zum anderen verschieden sind und oft auch anderen Krankheiten zugeordnet werden könnten. Nur ein Neurologe kann eine detaillierte Untersuchung vornehmen.

c) Die ersten Anzeichen

Der erste MS-Schub kann sehr dramatisch verlaufen. In diesem Fall sollte schnell ein Arzt konsultiert werden, denn die Chance, dass die MS schnell diagnostiziert werden kann, ist relativ hoch. Es passiert hingegen wesentlich öfter, dass über mehrere Monate oder Jahre relativ milde Symptome auftreten, die mehr oder weniger schnell wieder verschwinden. Bis zur Diagnose kann dann oft viel wertvolle Zeit verstreichen.

d) Die Untersuchung

Meist wird die Person vom Allgemeinpraktiker oder vom Augenarzt an den Neurologen weiter verwiesen. Dieser wird eine Reihe von Tests und Untersuchungen sowie eine Kernspintomografie-Untersuchung verordnen.

Der Neurologe wird auch das Geschlecht, den Geburtsort, die Familiengeschichte, das Alter und Auftreten der ersten Symptome notieren. Die Kernspintomografie nimmt heute eine wichtige Stellung

Untersuchungen	Ziel
Neurologische Untersuchung	Testet Abnormalitäten der Nervenleit-fähigkeit, Augenbewegungen, Koordination, Gleichgewicht, Sprache und Reflexe.
Kernspintomografie (visualisiert MS-Läsionen)	Hilft die Existenz und Lokalisierung von vernarbten Gebieten im Zentralen Nervensystem zu evaluieren und neue Entzündungsherde zu identifizieren. Hilft die Diagnose von MS zu bestätigen und andere Ursachen auszuschliessen.
Analyse der Rückenmark-flüssigkeit	Bei einem Angriff auf das Myelin im Zentralnervensystem werden gewisse Proteine und Zellen produziert, die in der Rückenmarkflüssigkeit nachgewiesen werden können.
Potentialtests (Nervenleit-fähigkeit)	Diese helfen zu bestätigen, ob MS die Seh-, Hör- oder Gefühlsnerven angegriffen hat. Man misst dabei die Zeit, die ein Nervenimpuls braucht, um von den Augen, Ohren oder der Haut bis zum Hirn zu wandern.
Bluttest	Kann andere mögliche Ursachen ausschliessen.

sowohl bei der Diagnose als auch bei der Beobachtung der Krankheitsentwicklung und dem Ansprechen auf Therapien ein. Eine grosse Anzahl von neuen Läsionen ist ein Anzeichen für ein aggressives Fortschreiten der Krankheit. Die Kernspintomografie ist ca. 10 Mal sensibler als es das Auftreten der klinischen Symptome allein sein kann. Sie erlaubt es auch, das stille Fortschreiten der Krankheit zu beobachten.

6. Behandlung von MS

– Es gibt kein Medikament, das zum heutigen Zeitpunkt MS heilen kann, aber es gibt sogenannte krankheitsmodifizierende Therapien, die es erlauben, den Verlauf der Krankheit zu verändern.
– Zudem gibt es sogenannte symptomatische Medikamente, Physiotherapie und Beratung, die MS-Symptome abschwächen können.
– Ein gesunder Lebensstil, gute Ernährungsgewohnheiten sowie regelmässige Bewegung können ebenfalls von Hilfe sein.

a) Krankheitsmodifizierende Therapien
Interferone und Glatiramer Acetat

Die einzigen Therapien, die es erlauben, MS in einem gewissen Mass zu kontrollieren, sind Interferon beta-1a und 1b sowie Glatiramer Acetat.

Diese Therapien helfen, den normalen Verlauf der Krankheit zu verändern und die Angriffe des Immunsystems auf das Zentralnervensystem zu kontrollieren, indem die Entzündungsprozesse reduziert und somit die Beschädigung des Myelins und der Nervenbahnen vermindert werden.

Studien zeigen, dass Interferon beta die Aktivität des Immunsystems moduliert und gewisse Botenstoffe, die den Entzündungsprozess weitertreiben, stark behindert. Zudem vermindert Interferon beta das weitere Eindringen von Fresszellen des Immunsystems ins Gehirn.

Es gibt zwei verschiedene Formen von Interferon beta und nur Interferon beta-1a gleicht dem natürlich vom Körper hergestellten Interferon beta. Es hat eine doppelt so hohe biologische Aktivität wie das Interferon beta-1b und wird vom Körper besser vertragen.

Glatiramer Acetat ist ein synthetisches Medikament, das in dieser Form auf natürliche Weise nicht im Körper vorkommt. Es ahmt menschliches Myelin nach und funktioniert möglicherweise wie eine Falle für die Botenstoffe.

7. Das Leben mit MS

a) Nach der Diagnose

Jeder erlebt die Diagnose «Multiple Sklerose» anders. So seltsam es tönt, für manche Menschen ist die Tatsache, dass sie nun endlich eine Diagnose haben, eine Erleichterung. Möglicherweise haben Ärzte über Monate oder Jahre vergebens nach einer Ursache für verschiedene Symptome gesucht, und diese Diagnose beendet eine lange Zeit der Unsicherheit und des Wartens. Natürlich gibt es auch diejenigen, die elende Wut empfinden («warum ich?»), und jene, die Angst haben vor dem Unbekannten. Und nicht zuletzt jene, die die Diagnose einfach nicht wahrnehmen wollen und so versuchen mit ihrer Krankheit fertig zu werden. Die Diagnose kann Trauer und Verlustgefühle der nicht gelebten Zukunft mit sich bringen. Manche Leute fühlen Schuld oder schämen sich, dass sie wegen der MS ihre Familie und Freunde enttäuschen. Sind die MS-Symptome für jedermann sichtbar, ist es meist einfacher, die nötige Unterstützung und das Verständnis zu erfahren. Bleiben die Symptome aber für Aussenstehende unsichtbar, kann es passieren, dass die Nicht-Betroffenen die Auswirkungen der MS auf die Person und ihr tägliches Leben nicht richtig einschätzen können. Es kann dann vorkommen, dass zuviel von ihr verlangt wird oder sie sich selbst zuviel aufbürdet. Die Diagnose MS verlangt sowohl emotionelle als auch physische Anpassungen. Es ist wichtig, dass sich die an MS erkrankte Person bewusst wird, dass sie mit ihrer Krankheit nicht alleine dasteht, dass sie nicht einsam leiden muss, sondern auf Ärzte, Krankenschwestern, Berater, Familie, Freunde und Patientengruppen zählen kann. MS trifft nicht nur den Patienten, sondern sein ganzes Umfeld. Auch Kinder sollten offen und ehrlich informiert werden; sie sind meist viel weniger zerbrechlich, als Erwachsene meinen, und durchaus in der Lage, leidvolle Situationen zu akzeptieren. Eine offene Kommunikation ist wichtig und wertvoll und baut auf die Dauer Vertrauen auf.

Informationen zum Thema MS sind auch bei der Schweizerischen MS-Gesellschaft, Postfach, 8031 Zürich (Tel. 043 444 43 43) und unter www.multiplesklerose.ch erhältlich.

b) Die häufigsten Fragen (1–17)

In Zusammenarbeit mit einer MS-Schwester wurden die folgenden Fragen erarbeitet. Für ganz spezifische Fragen sollte aber auf jeden Fall der Arzt konsultiert werden.

1. Ist MS ansteckend?

Nein, MS ist nicht ansteckend.

2. Kann man an MS sterben?

Nein, für die grosse Mehrzahl von Menschen ist MS keine tödliche Krankheit. Die meisten Betroffenen leben genauso lange wie gesunde Menschen. Zum Teil ist dies auch auf die verbesserten symptomatischen Medikamente und die relativ neuen krankheitsmodifizierenden Therapien zurückzuführen.

3. Kann ich ein normales Leben führen?

Da MS eine äusserst unberechenbare Krankheit ist, die sehr unterschiedlich verläuft, ist es schwierig, eine allgemeingültige Antwort zu geben. Je nachdem, an welchem Typ von MS man erkrankt ist, sowie je nach Schwere und Häufigkeit der Attacken, wird die Krankheit das normale Leben und die Arbeit mehr oder weniger beeinträchtigen.

Die Zukunft mit MS birgt gewisse Unsicherheiten, aus diesem Grund ist es ratsam, seine Energie Tag für Tag der Gegenwart zu widmen. Man sollte trotz Krankheit langfristige Pläne schmieden, auch wenn diese vielleicht nie umgesetzt werden können. Besonders Versicherungsangelegenheiten, Wohnbedürfnisse, alternative Beschäftigungen, finanzielle Pläne und andere praktische Angelegenheiten sollten überdacht werden.

Und falls es eines Tages nötig wäre, gewisse Aktivitäten zu kürzen oder Dinge ein bisschen anders anzupacken, ist es wichtig, daran zu denken, dass die meisten Menschen auch mit MS ein produktives und erfülltes Leben führen.

4. Kann ich weiter arbeiten?

Es gibt keinen wissenschaftlichen Beweis, dass der normale Arbeitsstress die MS negativ beinflusst. Je nachdem wie anstrengend die Arbeit ist, können aber gewisse Symptome wie z.b. chronische Erschöpfung problematisch werden. In diesem Fall ist es vielleicht angebracht, eine Umschulung in Betracht zu ziehen.

5. Bedeutet diese Diagnose, dass ich einen Rollstuhl brauchen werde?

Glücklicherweise führt heute eine MS-Diagnose nicht unbedingt in den Rollstuhl. Zum grossen Teil ist dies auf die verbesserten symptomatischen Medikamente und die neuen, krankheitsmodifizierenden Therapien zurückzuführen. Es ist besonders wichtig, dass die Krankheit so früh wie möglich behandelt wird, um die Hirnfunktionen so lange wie möglich zu bewahren. Interferon beta bremst die Krankheit am effizientesten und reduziert sowohl die Anzahl als auch die Stärke der Schübe.

Die meisten Menschen mit MS werden nie stark behindert sein und zwei Drittel bleiben mobil, auch wenn sie vielleicht eine Gehhilfe benötigen werden.

6. Kann ich Kinder haben?

Ja. Die grosse Mehrheit der Frauen mit MS hat normale Ovulationen und kann ohne Kontrazeptiva schwanger werden. MS beinträchtigt auch nicht die Produktion von Sperma beim Mann.

Je nachdem, wo die MS-Läsionen im Hirn lokalisiert sind, kann es aber vorkommen, dass die Sexualfunktionen gestört sind.

Die meisten Frauen mit MS haben weniger Symptome während ihrer Schwangerschaft. Grundsätzlich haben Schwangerschaft und Geburt keine langfristige Auswirkung auf die MS.

Vor Behandlung mit einer der krankheitsmodifizierenden Therapien (oder anderen Medikamenten) sollte der Kinderwunsch aber unbedingt mit dem behandelnden Arzt besprochen werden.

Auch wenn eine schwere Behinderung unwahrscheinlich sein wird, sollten bei der Familienplanung auch finanzielle Gesichtspunkte und Möglichkeiten für Hilfestellungen durchdacht werden.

7. Können meine Kinder MS erben?

Das Risiko, dass MS an die Kinder weitergegeben wird, ist relativ klein. Nur wenn mehrere Familienmitglieder oder der Ehepartner ebenfalls MS haben, kann das Risiko grösser sein. Studien deuten darauf hin, dass sowohl eine genetische Prädisposition sowie der Ort, an dem man seine Kindheit verbracht hat (je näher an Nord- oder Südpol, desto höher das Risiko), als auch ein bis heute unbekannter Umweltfaktor bei der Entwicklung von MS eine Rolle spielen.

8. Muss ich meine Essgewohnheiten ändern?

Um gesund zu bleiben, ist es meist eine gute Idee sich ausgewogen zu ernähren. Alle Ernährungsänderungen sollten immer mit dem Arzt besprochen werden.

9. Soll ich aufhören Alkohol zu trinken?

Grosse Mengen Alkohol sind für jedermann schädlich: Alkohol stört das Gleichgewicht, behindert die Sprache, benebelt und verändert das Benehmen. Trotzdem gibt es keinen Beweis, dass Alkohol die MS verschlimmert.

Falls Sie Medikamente einnehmen, sollten Sie Ihren Arzt fragen, ob Sie kleine Mengen Alkohol zu sich nehmen dürfen.

10. Schadet das Rauchen bei MS?

Rauchen ist generell gesundheitsschädlich. Ein direkter Zusammenhang mit MS konnte aber nicht gefunden werden.

11. Kann MS geheilt werden?

Nein, noch nicht. Wissenschaftler versuchen MS zu verstehen und neueste Studien sind vielversprechend. Es werden Wege gesucht, Myelin zu reparieren oder nachwachsen zu lassen; die Mechanismen zu verstehen, die das Immunsystem dazu bewegen, körpereigene Zellen anzugreifen; Umweltfaktoren zu entdecken, die MS auslösen könnten, und Gene zu identifizieren, die Menschen für MS empfänglicher machen.

In der Zwischenzeit helfen die krankheitsmodifizierenden Therapien, das Gehirn so weit als möglich zu schützen, und viele verschiedene Medikamente werden eingesetzt, um die MS-Symptome zu vermindern.

12. Welche Therapien können die Krankheit bremsen?

Mehrere Medikamente sind für die schubförmig remittierende MS in der Schweiz zugelassen: Interferon beta-1a, Interferon beta-1b und Glatiramer Acetat. Keines dieser Medikamente kann MS heilen, aber sie können den normalen Krankheitsverlauf bremsen, besonders gut, wenn sie hochdosiert mehrmals pro Woche verabreicht werden.

Das Interferon beta kontrolliert die Reaktion des Immunsystems: «Interferon beta-1a» ist mit dem natürlich im Körper produzierten Interferon beta identisch. Das eine «Interferon beta-1a»-Präparat ist hochdosiert und wird dreimal wöchentlich unter die Haut gespritzt. Das andere «Interferon beta-1a»-Präparat ist niedrig dosiert und wird einmal in der Woche direkt in den Muskel appliziert. Das «Interferon beta-1b»-Präparat ist wegen seiner Herstellungsweise nicht mit natürlichem Interferon gleichzusetzen. Es wird mit Hilfe von Bakterien gewonnen und dann gentechnisch umgebaut, aus diesem Grund fehlen ihm wichtige Bestandteile des natürlichen Interferon beta. Es ist weniger gut verträglich und weniger biologisch aktiv als Interferon beta-1a.

Glatiramer Acetat ist ein aus vier Aminosäuren gebautes Medikament. Die nach dem Zufallsprinzip zusammengeketteten Aminosäuren kommen in dieser Form nicht natürlich im menschlichen Körper vor. Glatiramer Acetat soll Teile des menschlichen Myelins nachahmen und so wie eine Falle für die Botenstoffe, die das Myelin angreifen, wirken.

13. Soll ich meinen Kindern sagen, dass ich MS habe?

Kinder merken sehr schnell, wenn etwas nicht normal ist. Aus diesem Grund ist es meist besser, ihnen altersgemäss zu erklären, was los ist. Bei einem jungen Kind ist es möglicherweise besser, Fragen erst dann zu beantworten, wenn sie auftauchen. Eine formale Mitteilung und Erklärung über MS könnte es erschrecken.

Einem älteren Kind kann man die MS auf einfache und ehrliche Art erklären. Meist haben Kinder Angst, dass ihr Vater oder ihre Mutter sterben müssen; wenn sie aber hören, dass MS nicht tödlich ist und dass der betroffene Elternteil weiterhin für sie da ist, sind sie schnell beruhigt. Patientengruppen haben oft Informationsmaterial, mit dem Kindern die MS erklärt werden kann.

14. Wem soll ich über meine MS erzählen?

Jeder muss selbst entscheiden, mit wem er diese Nachricht teilen will. Menschen, die Hilfestellungen brauchen, werden wahrscheinlich eher gezwungen sein, über ihre MS zu sprechen. Die Patientengruppe oder der Arzt hat möglicherweise Informationsmaterial zur Kommunikation mit Familienmitgliedern, Eltern, Kindern oder Freunden.

15. Muss ich es meinem Arbeitgeber erzählen?

In der Schweiz ist man normalerweise nicht gezwungen über seine MS mit dem Arbeitgeber zu sprechen. Bei starken MS-Symptomen kann es von Vorteil sein, mit dem Arbeitgeber einen neuen Arbeitsplatz zu vereinbaren. Ob man seine MS verheimlichen oder offen darüber sprechen möchte, bleibt dem Einzelnen überlassen.

16. Ich bin so deprimiert, ist das normal?

Nach einer MS-Diagnose ist es normal, dass man durcheinander und traurig ist und Angst vor der Zukunft hat.

Manchmal wird die Depression aber durch Gehirnläsionen verursacht, die durch MS entstehen, oder sie kann als Nebenwirkung von gewissen Medikamenten auftreten.

Was auch immer die Ursache der Depression ist, sie kann mit Medikamenten oder Beratung behandelt werden. Der Arzt gibt dazu näher Auskunft.

17. Ich bin furchtbar nervös; kann sich meine MS dadurch verschlimmern?

Wissenschaftler haben keinen Zusammenhang zwischen Stress und einer Verschlimmerung von MS gefunden.

Trotzdem: es gibt viele Wege Stress zu reduzieren (Relaxation, Meditation, sich realistischere Zielsetzungen setzen etc.); so kann die Lebensqualität stark verbessert werden.